Clare Beaton

Kunterbunte Spiel- und Bastelideen
Weihnachten

arsEdition

Weihnachten

 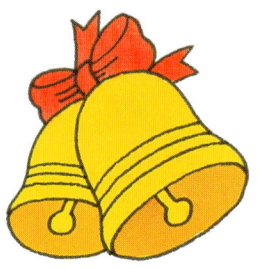

Markt und Straßen stehn verlassen,
still erleuchtet jedes Haus,
sinnend geh ich durch die Gassen,
alles sieht so festlich aus.

An den Fenstern haben Frauen
buntes Spielzeug fromm geschmückt,
tausend Kindlein stehn und schauen,
sind so wunderstill beglückt.

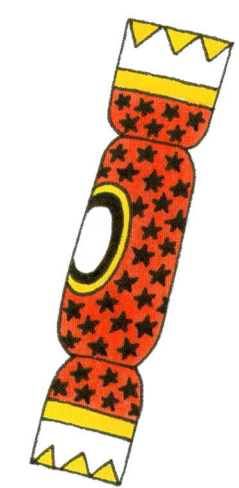

Und ich wandre aus den Mauern
bis hinaus ins freie Feld,
hehres Glänzen, heil'ges Schauern!
Wie so weit und still die Welt!

Sterne hoch die Kreise schlingen,
aus des Schnees Einsamkeit
steigts wie wunderbares Singen –
o du gnadenreiche Zeit!

Joseph von Eichendorff

Auf jeder Seite ist ein Rotkehlchen versteckt.
Findest du es?

 # Bevor du anfängst

- Sei vorsichtig beim Gebrauch von scharfen Werkzeugen wie Scheren, Nadeln, Hefter usw.
- Wenn du ein Teppichmesser verwendest, musst du beim Schneiden besonders aufpassen. Verwende am besten immer einen dicken Karton als Unterlage. Schneide langsam und mit wenig Druck, dafür aber mehrere Male.
- Dieses Symbol bedeutet, dass du vorsichtig sein sollst beim Gebrauch eines Teppichmessers.

Grundwerkzeuge und -materialien:
- Farbe
- Klebstoff
- Schere
- farbiges Papier
- farbige Pappe
- Wachsmalstifte
- Buntstifte
- Filzstifte
- Hefter

Außerdem:
- Leuchtpapier
- Krepppapier
- farbigen Filz
- Glitter
- Lametta
- Silberfolie
- Aufkleber
- Gesichtsfarben

Am besten sammelst du für das Weihnachtsbasteln frühzeitig einiges Material, wie z.B.:

- Karten
- Geschenkpapier (besonders in Gold und Silber)
- andere Papier- und Bastelreste
- Verpackungen von Süßigkeiten
- Wolle
- Schleifenbänder

Weihnachtskarten

Überraschungsstiefel

Dafür brauchst du:
- Pappe oder Karton
- Schere
- Klebstoff
- roten Filz
- Silberfolie oder Alufolie
- Schleifenband
- Glitter
- Filzstift (für Kartengruß)
- Süßigkeiten oder Minigeschenk

Bevor du anfängst:
Schneide ein Rechteck aus dem Karton.

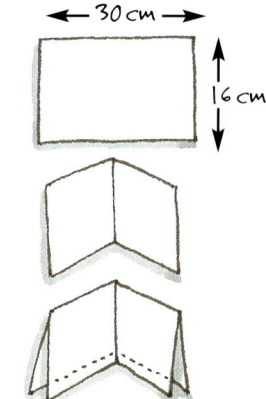

Falte es zur Hälfte.

Wenn du Papier verwendest, falte das Rechteck viermal.

1. Schneide aus dem roten Filz die Form eines großen Stiefels aus.

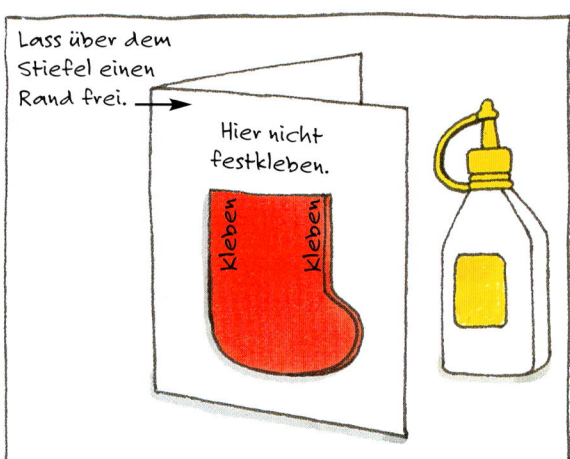

2. Klebe die Ränder des Filzstiefels auf der Karte fest. Nur das obere Ende bleibt offen.

3. Klebe einen Streifen Silberfolie an den oberen Stiefelrand. Setze in die Mitte eine Schleife. Fülle den Stiefel mit Süßigkeiten.

Sternschablone

Wenn du einmal deine Schablone hast, kannst du mehrere dieser Karten anfertigen.

Dafür brauchst du:
- Zeitungspapier (als Unterlage)
- dunkelfarbigen Karton
- dicke Pappe für die Schablone
- Teppichmesser oder scharfe Schere – Vorsicht!

- weiße oder gelbe Plakafarbe
- Schwamm oder Zeichenpinsel
- Klebstoff
- Glitter
- Filzstift (für Kartengruß)

Bevor du anfängst:
Lege den Boden oder den Tisch mit Zeitungspapier aus. Ziehe einen Malkittel an. Lies nochmal auf Seite 3 nach, wie man ein Teppichmesser verwendet.

1. Stelle eine Schablone her, indem du einen Stern auf ein Stück dicke Pappe zeichnest und ihn ausschneidest.

2. Lege die Schablone über die Vorderseite der Karte und trage mit dem Schwamm die Farbe auf.

3. Verteile Klebstoff am Rand des Sterns und streue Glitter darauf.

Geschenkanhänger

Hier sind drei Vorschläge, wie man hübsche Geschenkanhänger bastelt.

Dafür brauchst du:
- alte Weihnachtskarten
- Schere
- Locher
- Pappreste
- Aufkleber
- Glitter
- Filzstift (für Kartengruß)
- Kartoffeldruck – siehe Seite 14

1. Schneide alte Weihnachtskarten so zurecht, dass auf der Rückseite nichts geschrieben steht.

2. Mit einem Locher machst du ein Loch in die Anhänger und ziehst einen Wollfaden durch.

3. Schneide aus Pappresten Rechtecke aus und verziere sie mit Aufklebern.

4. Schneide aus Pappresten Rechtecke aus. Drucke mit Kartoffeln Muster darauf. Auf Seite 14 erfährst du, wie es geht.

Unterschiede suchen

Findest du heraus, welche zehn Unterschiede es zwischen beiden Bildern gibt?

Weihnachtsschmuck

Zwei Papierketten

Dafür brauchst du:
- unterschiedliches Geschenkpapier
- 2 Rollen verschiedenfarbiges Krepppapier
- Schere
- Klebstoff

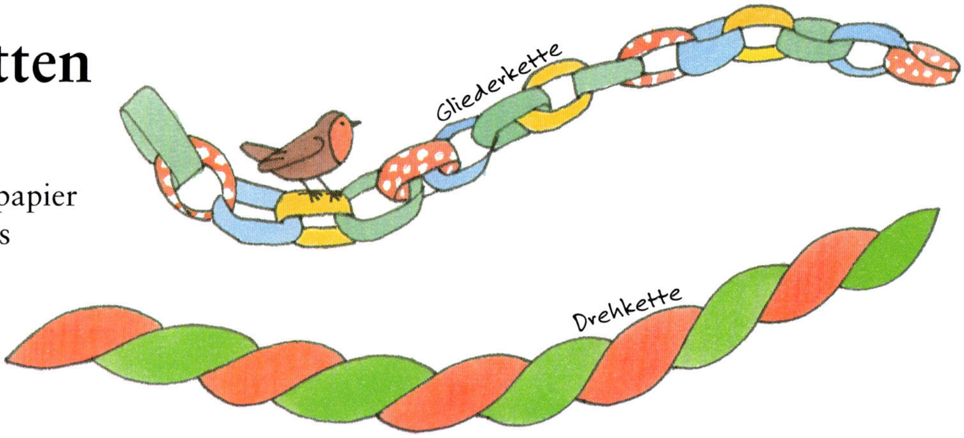

1. Schneide aus unterschiedlichem Geschenkpapier Streifen aus.

2. Klebe jeden Streifen zu einer Kette zusammen.

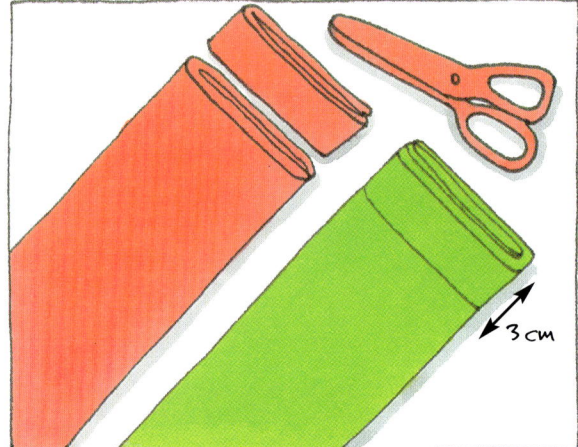

1. Schneide vom Ende der zwei Krepppapierrollen einen Streifen ab.

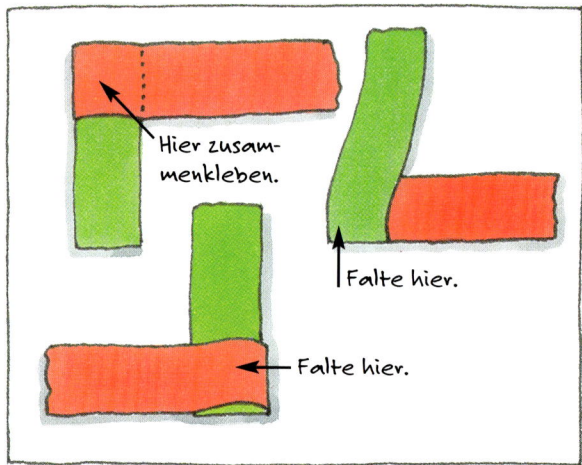

2. Klebe die Enden übereinander. Falte jeweils einen Streifen über den anderen. Klebe die Enden fest.

Buntes Fensterbild

1. Schneide aus der schwarzen Pappe ein Rechteck. Male mit Kreide einen Rahmen und eine Glocke auf.

2. Schneide die Glocke aus. Sie muss an drei Seiten mit dem Rahmen verbunden bleiben.

3. Klebe hinten verschiedenfarbiges Leuchtpapier auf.

Dafür brauchst du:
- schwarze Pappe
- Kreide oder weißen Buntstift
- farbiges Leuchtpapier
- Teppichmesser oder scharfe Schere – Vorsicht!
- Klebstoff oder Klebeband
- Schnur

Bevor du anfängst:
Lies nochmal auf Seite 3 nach, wie man ein Teppichmesser verwendet.

Hänge das Bild an dein Schlafzimmerfenster.

Laternen

Dafür brauchst du:
- gebrauchtes Geschenkpapier, buntes Papier oder Folie
- Bleistift
- Lineal
- Schere
- Klebstoff

Hänge die Laternen auf kleine Zweige auf.

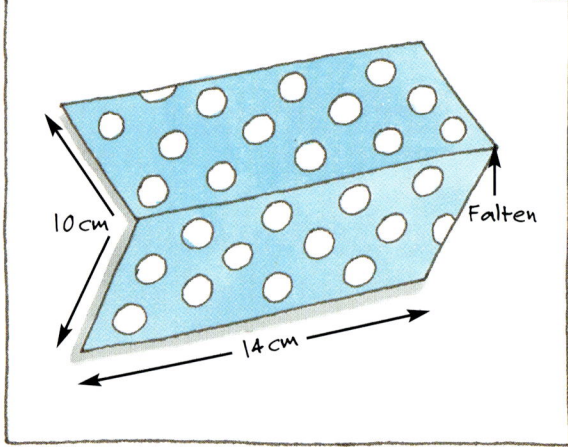

1. Schneide aus dem Papier oder der Folie ein Rechteck aus.

2. Falte das Rechteck zur Hälfte. Schneide entlang der Kante schmale Streifen ein, aber nicht bis zum Ende des Papiers.

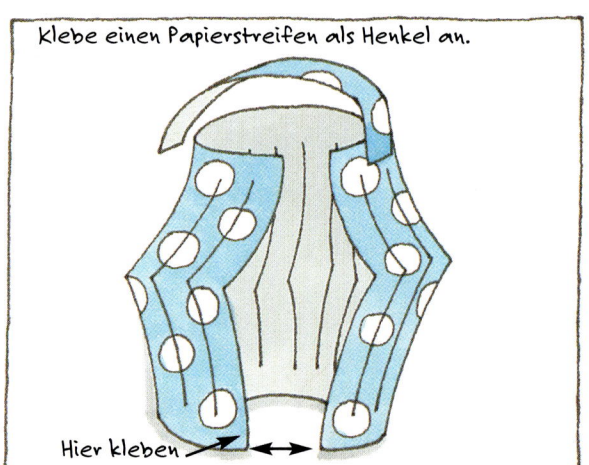

3. Falte das Papier auseinander. Schließe es zu einem Kreis zusammen und klebe die Ecken aufeinander.

Weihnachtsbaumrätsel

Bei jedem dieser Weihnachtsbäume fehlt ein Teil. Findest du heraus, welches es ist?

Reise nach Bethlehem

Dieses Spiel ist für 2–3 Spieler gedacht.
Du brauchst drei Spielsteine und einen Würfel.
Maria und Josef, die Heiligen Drei Könige und die Schafhirten sind auf dem Weg nach Bethlehem. Welche der Reisegruppen wird zuerst dort ankommen? Wähle aus, welcher Gruppe du angehören möchtest. Der jüngste Spieler fängt an zu würfeln, danach geht es im Uhrzeigersinn weiter.

Geschenkpapier

Kartoffeldruck

Dafür brauchst du:
- Zeitungspapier (als Unterlage)
- große Bogen Papier
- Plakafarben
- Untertassen (pro Farbe eine)
- eine große Kartoffel
- scharfes Küchenmesser
- Glitter (nach Belieben)
- Silberstift (nach Belieben)

Bevor du anfängst:
Ziehe einen Malkittel an. Bedecke die Arbeitsfläche mit Zeitungspapier und eine zweite Fläche (Tisch oder Boden) ebenso, um die Drucke darauf trocknen zu lassen.

Weihnachtsbaum-Kartoffeldruck

1. Bitte einen Erwachsenen, dir die Kartoffel zurechtzuschneiden. Du brauchst zwei große Stücke.

2. Schneide die Formen aus. Aus dem Kartoffelrest machst du den Punktestempel.

3. Gib in jede Untertasse etwas Farbe.

4. Tauche die Form in die Farbe und bedrucke damit das ganze Papier.

5. Ergänze die Töpfe und Punkte. Lass das Papier trocknen.

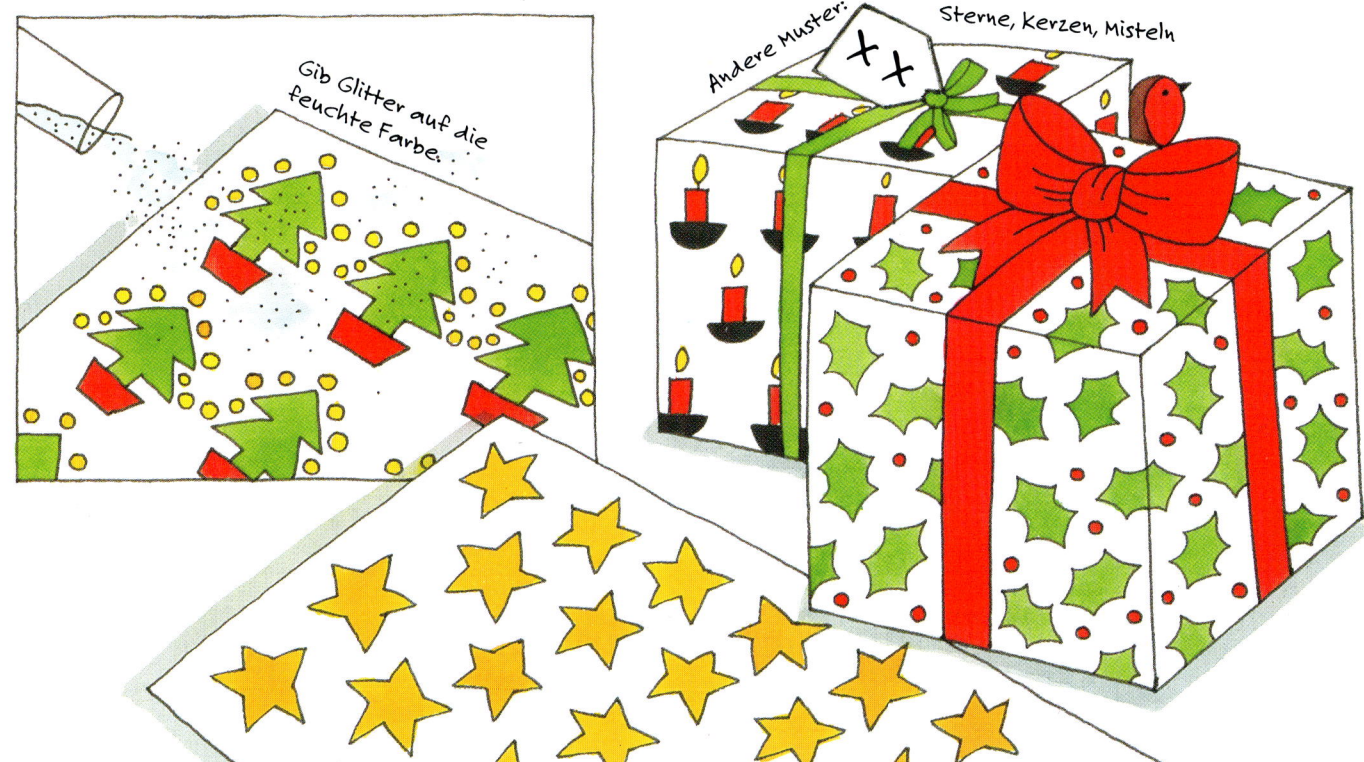

Lochmuster

Dafür brauchst du:
- großes Blatt farbiges Papier
- spitze Nähnadel oder sehr spitzen Bleistift
- dicken Teppich oder Decke

Nimm die raue Papierseite nach außen.

1. Lege das Papier auf einen dicken Teppich oder eine gefaltete Decke. Halte es mit einer Hand gut fest.

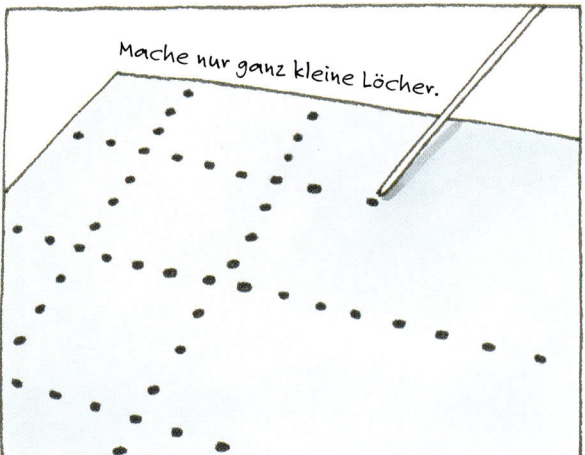

Mache nur ganz kleine Löcher.

2. Stich mit der Nähnadel oder dem Bleistift Löcher in das Papier. Versuche dabei ein Muster zu machen.

Geschenkegalerie

Jedes dieser Pakete bildet mit einem anderen ein Paar – außer einem.
Findest du heraus, welches es ist?

Weihnachtsgeschenke

Schreibtischset

Dafür brauchst du:
- Toilettenpapierrollen (mindestens 4)
- Schere
- gebrauchtes Geschenkpapier oder Silberfolie
- Klebstoff
- Pappe
- Bleistift

Eine sollte ganz klein sein.

1. Schneide 4 oder 5 Toilettenpapierrollen auf unterschiedliche Längen ab.

Das Papier muss an beiden Seiten etwas länger als die Rolle sein.

2. Schneide Rechtecke aus altem Geschenkpapier oder Silberfolie, mit denen du die Rollen bekleben kannst.

3. Schneide die Längsseiten mit der Schere fransig ein.

Fransen einkleben

4. Klebe das Papier auf die Rollen und klappe die Fransen nach innen.

5. Stelle die Rollen zusammen und klebe sie aneinander.

6. Setze das Ganze auf ein Stück Pappe und zeichne mit dem Bleistift um die Rollen herum.

Schneide die Pappe aus.

7. Klebe das ausgeschnittene Pappstück als Boden unter die Rollen.

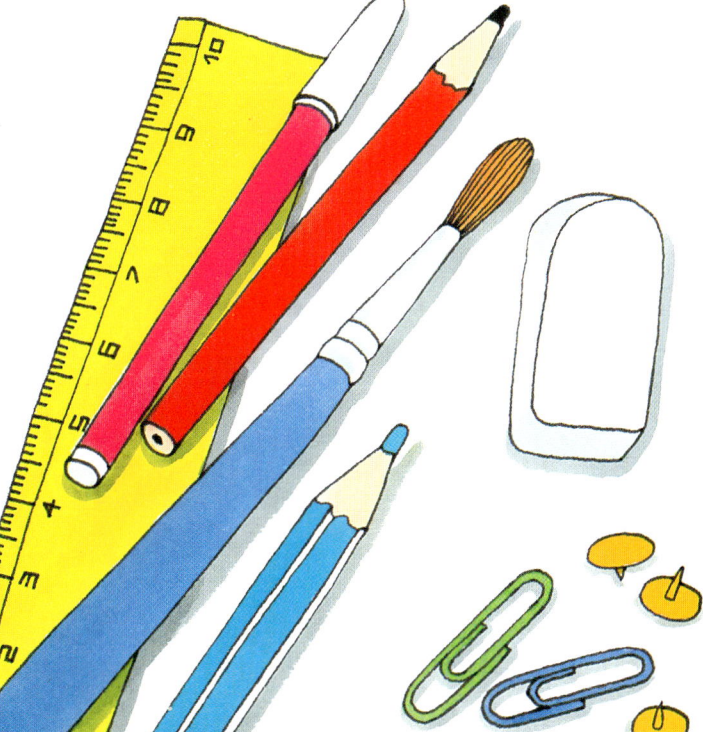

Weihnachtsanstecker

Dafür brauchst du:
- Pappe
- Weihnachtsschablonen (nach Belieben)
- Bleistift
- Schere
- Wachsmalstifte, Farben, Sticker, Glitter, Stechpalmen (zur Dekoration)
- Filzstift (für Grußbotschaft)
- Klebeband
- doppelseitiges Klebeband
- Sicherheitsnadel

1. Zeichne und schneide die Form deines Ansteckers aus. Du kannst Schablonen verwenden.

2. Verziere die Vorderseite des Ansteckers und schreibe etwas darauf.

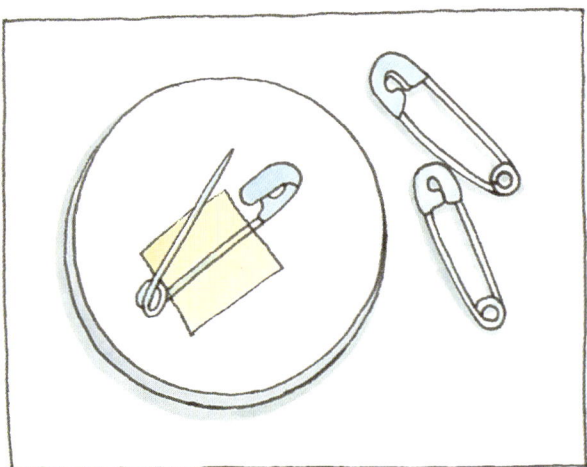

3. Klebe eine Sicherheitsnadel auf der Rückseite des Ansteckers fest und schließe sie sorgfältig.

Mit einem Pappteller kannst du einen Riesenanstecker basteln.

Du kannst den Anstecker auf eine Karte kleben.

Weihnachtskonfekt

Schokoladenschneebälle

Dafür brauchst du:
Diese Zutaten ergeben rund 15 walnussgroße Schokoladenbälle.
- 100 g Vollmilchschokolade
- 150 g entsteinte, klein geschnittene Datteln
- 100 g getrocknete Aprikosen, klein geschnitten (vorher einweichen)
- 50 g klein geschnittene, gemischte Nüsse
- Kokosstreusel
- bunte Zuckerstreusel
- Kakaopulver
- Schüssel
- Gabel
- Papierbackförmchen

Bevor du anfängst:
Wasche deine Hände und ziehe eine Schürze an. Stelle alles, was du brauchst, vor dich hin.

1. Bitte einen Erwachsenen, dir beim Schmelzen der Schokolade zu helfen.

2. Verknete die geschmolzene Schokolade, Datteln, Aprikosen und Nüsse miteinander.

3. Forme aus der Mischung kleine Bälle. Rolle sie in den Kokos- oder Zuckerstreuseln oder in dem Kakaopulver.

Weihnachtskostüm

Überraschungspaket

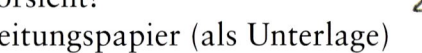

Dafür brauchst du:
- großen Pappkarton
- Plakafarben
- Schere oder Teppichmesser – Vorsicht!
- Zeitungspapier (als Unterlage)
- breites Folien- oder Stoffschleifenband
- Klebeband oder Hefter
- Aufkleber, Pailletten, Glitter, Lametta
- Stück Papier oder Pappe (als Etikett)
- Filzstift (für Grußbotschaft)
- Wollfaden

Bevor du anfängst:
Zum Malen solltest du einen Malkittel anziehen und den Tisch oder den Boden mit Zeitungspapier abdecken.
Lass dir von einem Erwachsenen oder einem Freund/einer Freundin helfen.

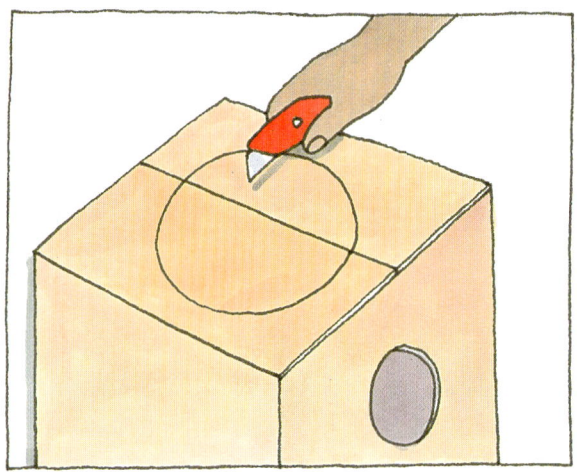

1. Schneide ein Loch, durch das dein Kopf durchpasst, in den Boden eines großen Pappkartons und zwei weitere Löcher für die Arme in die Seiten.

2. Mal den Karton schön an.

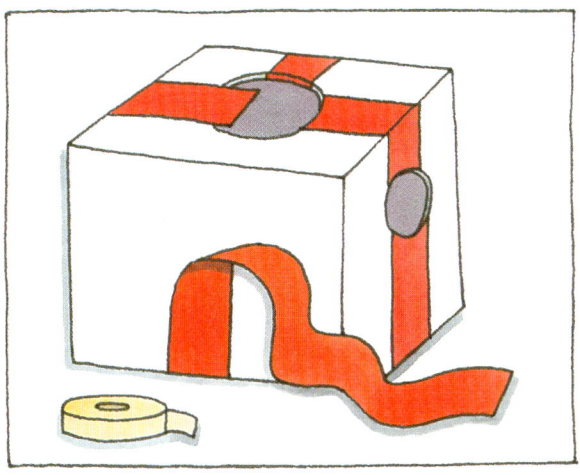

3. Klebe oder hefte ein breites Schleifenband rund um den Karton fest.

4. Dekoriere den Karton mit Sternen, Aufklebern, Glitter oder Gold- oder Silberfarbe.

5. Stecke deinen Kopf und deine Arme durch die Löcher im Karton.

6. Binde eine große Schleife im Haar fest.

Weihnachten in aller Welt

Zu den weihnachtlichen Bräuchen zählen nicht nur die Festtage vom 24.–26. Dezember. Ein weiterer wichtiger Festtag ist in vielen Ländern Europas der 6. Dezember, der Tag des heiligen Nikolaus. Und am 6. Januar verkleiden sich die Kinder in Österreich und Deutschland als Heilige Drei Könige und sammeln an den Häusern Geld und Geschenke für die Armen.

Italien

In Italien ist es ganz wichtig, zu Hause und in den Kirchen eine Krippe zu haben, die so genannte »presepio«. Oft wird in den Gotteshäusern auch eine lebende Krippe dargestellt, mit echten Tieren und Menschen.

Australien

In Australien fällt Weihnachten mitten in den Sommer. Viele Familien verbringen die Feiertage am Strand und grillen ein Festessen.

Dänemark

Die dänischen Kinder haben einen besonderen Adventskalender. Er besteht aus Stoff und die Zahlen 1–24 sind aufgestickt. Jeden Morgen im Dezember finden die Kinder bis Weihnachten an der jeweiligen Zahl ein kleines Geschenk aufgehängt. So einen Kalender könntest du dir für das nächste Jahr auch machen.

2. Auflage 2003

Winter Activity Book: Text & Illustrations
© b small publishing 1991
Titel der Originalausgabe: Winter Activity Book
Text: Catherine Bruzzone
Layout: Lone Morton
Redaktion der Originalausgabe: Catherine Bruzzone
Herstellung der Originalausgabe: Grahame Griffiths

© 2002 arsEdition GmbH, München
© 2002 für die deutsche Ausgabe: arsEdition GmbH, München
Alle Rechte vorbehalten
Aus dem Englischen von Elke Hesse
Redaktion der deutschen Ausgabe: Ina Schumacher
Produktion: Detlef Schuller

ISBN 3-7607-5863-0

www.arsedition.de

Frohe Weihnachten!

Weißt du, wie man sich »Frohe Weihnachten« auf Italienisch, Französisch, Spanisch und Englisch wünscht? Welcher Gruß gehört zu welchem Land?

Feliz Navidad   Happy Christmas
Buon Natale   Joyeux Noël

Feliz Navidad – Spanisch
Buon Natale – Italienisch
Happy Christmas – Englisch
Joyeux Noël – Französisch